Gloria Lwamba

Ma mère, Victorine Opango onya sombo une guerrière de la prière

Gloria Lwamba

Ma mère, Victorine Opango onya sombo une guerrière de la prière

Jésus-Christ le Roi des rois, le Seigneur des seigneurs

Éditions Croix du Salut

Cover image: www.ingimage.com

Publisher:
Éditions Croix du Salut
is a trademark of
Dodo Books Indian Ocean Ltd. and OmniScriptum S.R.L publishing group

120 High Road, East Finchley, London, N2 9ED, United Kingdom
Str. Armeneasca 28/1, office 1, Chisinau MD-2012, Republic of Moldova, Europe
Printed at: see last page
ISBN: 978-620-6-16858-4

Ma mère, Victorine Opango onya sombo une guerrière de la prière

Jésus-Christ le Roi des rois, le Seigneur des seigneurs

Gloria Lwamba

À ma mère, **VICTORINE OPANGO ONYA SOMBO**

Celle qui m'a tout appris, celle qui a payé mes études et fait de moi la femme que je suis aujourd'hui, celle qui a aimé ses enfants jusqu'à la fin et nous a appris à prier. Je t'aime, maman. De là-haut, reçois mes honneurs pour toi.

Merci maman

Ton bébé qui t'aime.
Gloria ''Ya bébé'' comme tu aimais m'appelée

Le livre décrit l'expérience de l'auteur voyant le visage de sa mère briller comme le soleil, semblable au visage transfiguré de Jésus-Christ sur la montagne. L'auteur s'exclame que leur mère est devenue très belle. La Transfiguration de Jésus-Christ, où son visage est devenu radieux et brillant. Les résultats de la recherche comprennent également des sermons et des réflexions sur la Transfiguration, où la Gloire de Dieu est révélée et la force de la prière ainsi que la vie de leur mère

Le visage radieux de ma mère: Une histoire de transfiguration :

Jeudi 23 mars, était le jour où nous l'avions vu transfiguré. À l'image de Jésus-Christ sur la montagne où il s'était transfiguré et avait le visage qui rayonnait, ainsi était devenu le visage de maman. Ma maman avait le visage qui brillait comme le soleil, au point que lorsque je l'ai vu ce jeudi-là, je me suis exclamé en disant : eh, maman okomi kitoko boyé qui veut dire : maman, tu es devenue très belle…

Elle a répondu en disant : ah ah … Avec un sourire aux lèvres comme un air d'étonnement, de bien-être, de réconfort, de bonheur et plein de charme comme à ses habitudes.

La transfiguration est un événement divin dans la vie de Jésus-Christ

La transfiguration est un événement important dans la vie de Jésus-Christ. Ce moment est décrit dans les Évangiles de Matthieu, Marc et Luc. Dans cette scène, Jésus emmène trois de ses disciples, Pierre, Jacques et Jean, sur une montagne pour prier. Pendant qu'ils étaient là, Jésus a été transfiguré devant eux. Son visage a brillé comme le soleil et ses vêtements sont devenus blancs comme la neige.

C'est sur cette montagne que Moise dit a Jésus-Christ, qu'il mourra à Jérusalem.
Le Jour du décès de ma mère, aux alentours de 15 h passé j'étais dans ma chambre quand j'ai vu moise apparaître devant moi. À vrai dire, j'étais habitué aux apparitions surnaturelle depuis 2°22, toutefois, en avançant dans ce livre, vous comprendrez de quoi je parle et comment je me suis habitué à voir les anges, les prophètes de la bible, Jésus-Christ et comment maman était mon coach et maître spirituel pendant ces 2 dernières années.
Moise avait l'habitude d'apparaître depuis Janvier 2022 où je l'avais vu pour la première fois, il était venu changer mon cœur malade pour me donner un cœur neuf. Après cela, il venait des temps en temps dans ma chambre me regardant et partant. Moise est très silencieux comparé à d'autres prophètes de la Bible.

Généralement, ils venaient avec leurs réelles personnalités du temps où ils ont vécu sur la terre. Moise par exemple c'est une personne qui avait fuis après avoir défendu l'Israelite, d'où cette fuite avait créé en lui des problèmes psychologique, la bible ne le mentionne pas mais si vous réfléchissez bien vous comprendrez la vérité sur mes propos et moi je le découvert par révélation, en le côtoyant et en me demandant pourquoi lorsque le prophète Elie me parle, il est pleins de gaité mais Moise est toujours réservé.

Je ne vous en dirai pas plus, car moise incarne vraiment Dieu dans sa dimension propre. Le Dieu de tout Israélite, c'est-à-dire Yahvé et tout enfant de Dieu inscrit dans le livre de vie lorsqu'ils meurent, il faut qu'il voie moise. Lorsque vous voyez Moise dans vos visions et rêves, comprenez que Dieu vous réclame au ciel, vous êtes partant, votre mission sur terre prends fin.
Jésus-Christ l'a vu sur la montagne de la transfiguration, je l'ai vu dans ma chambre alors que ma mère était transfigurée un jour plus tôt de son enlèvement. La transfiguration est un moment divine.

C'est un moment où la gloire de Dieu s'est manifestée. Cet événement a montré aux disciples de Jésus que Jésus était le Fils de Dieu et qu'il avait été envoyé pour accomplir une mission spéciale. La transfiguration était un moment où Jésus a été connecté à sa divinité d'une manière très puissante.

La transfiguration de Jésus a également montré à ses disciples que la mort n'était pas la fin. Les disciples ont vu Moïse et Élie apparaître aux côtés de Jésus lors de la transfiguration. Ils ont compris que la vie après la mort était réelle et qu'il y avait une continuité entre la vie terrestre et la vie éternelle.

 # La transfiguration dans ma vie

Pour moi, la transfiguration est un rappel de l'importance de la prière et de la connexion avec Dieu. C'est un moment où Jésus a été connecté à sa divinité d'une manière très puissante. Cela me rappelle que je dois être connecté à Dieu d'une manière similaire. Je dois être dans la prière et dans la méditation pour que je puisse être connecté à l'amour de Dieu.

D’autant plus que le même jeudi de la transfiguration de maman, dans la soirée, j’ai été touché par la puissance du Saint-Esprit et me suis mise à dire : repentez-vous Jésus-Christ reviens bientôt et je répétais cela autant de fois, repentez-vous Jésus-Christ est à la porte Jésus-Christ reviens bientôt repentez-vous j’étais en larme pleurant priant Jésus-Christ revient bientôt.

C’est ce soir-là que j’ai reçu le nom de l’Église et la vision de débuter un ministère qui s’appelle : repentez-vous

La transfiguration est également un rappel que la mort n'est pas la fin. Cela me donne de l'espoir pour l'avenir. Je sais que la vie après la mort est réelle et qu'il y a une continuité entre la vie terrestre et la vie éternelle. Cela me donne la force et le courage de continuer à avancer, même lorsque les choses deviennent difficiles.

Conclusion

La transfiguration est un moment importante dans la vie de Jésus-Christ. Cela a montré aux disciples que Jésus était le Fils de Dieu et qu'il avait été envoyé pour accomplir une mission spéciale. La transfiguration était un moment où Jésus a été connecté à sa divinité d'une manière très puissante.

Pour moi, la transfiguration est un rappel de l'importance de la prière et de la connexion avec Dieu. Cela me rappelle également que la mort n'est pas la fin et que la vie après la mort est réelle. La transfiguration est un événement divin qui nous rappelle que la gloire de Dieu peut se manifester dans nos vies si nous sommes prêts à nous connecter à Lui dans la prière et la méditation.

'' Daigne exaucer la supplication de ton serviteur et de ton peuple d'Israël, lorsqu'ils prieront en ce lieu! Exauce du lieu de ta demeure, des cieux, exauce et pardonne! '' 1 Rois 8 : 30

La Transfiguration : une révélation de la beauté divine

La transfiguration est un événement biblique majeur qui a eu lieu dans les montagnes de Galilée. Ce passage de la Bible raconte comment Jésus-Christ a été transfiguré devant ses disciples, Pierre, Jean et Jacques. La transfiguration est une manifestation de la beauté divine de Jésus-Christ qui a été révélée à ses disciples.

La transfiguration : un événement biblique majeur

La transfiguration est un événement biblique raconté dans le Nouveau Testament, dans les évangiles de Matthieu, de Marc et de Luc. Selon le récit biblique, Jésus-Christ a emmené ses disciples, Pierre, Jean et Jacques, sur une montagne pour prier. Pendant la prière, Jésus a été transfiguré : son visage a brillé comme le soleil et ses vêtements sont devenus blancs comme la lumière. Les disciples ont vu deux hommes, Moïse et Élie, qui ont parlé avec Jésus. Finalement, une voix du ciel a dit : "Celui-ci est mon Fils bien-aimé, en qui j'ai mis toute mon affection : écoutez-le !".

La transfiguration est un événement important dans la vie de Jésus-Christ et dans l'histoire du christianisme. C'est une manifestation de la beauté divine de Jésus-Christ qui a été révélée à ses disciples. Elle a également été une confirmation de la relation de Jésus avec Dieu le Père. La voix du ciel qui a parlé a affirmé que Jésus était le fils de Dieu et que les disciples devaient l'écouter.

Ce Jeudi la par la transfiguration de maman, Dieu avait voulu rendre témoignage de sa servante. Qu'en effet elle était sa bien-aimée.

La transfiguration : une révélation de la beauté divine

La transfiguration est une révélation de la beauté divine de Jésus-Christ. Elle montre la nature divine de Jésus et sa relation avec Dieu le Père. C'est une manifestation de la gloire de Dieu qui a été révélée aux disciples. La transfiguration est également une affirmation de la divinité de Jésus-Christ. Les disciples ont vu Jésus resplendissant de lumière, ce qui était un signe de sa divinité.

La transfiguration est également une révélation de la beauté de la création de Dieu. Les disciples ont vu la beauté de la montagne et de la nature qui les entourait. La transfiguration est une invitation à contempler la beauté de la création de Dieu et à reconnaître la présence de Dieu dans le monde qui nous entoure.

La transfiguration : une invitation à la prière

La transfiguration est une invitation à la prière. Jésus a emmené ses disciples sur une montagne pour prier. La prière est un moyen de se connecter avec Dieu et de se rapprocher de lui.

Car nous sommes appelés à lui ressembler. Maman ressemblait à Dieu

Elle venait de rater un accident, et c'était une preuve de la protection divine. Elle a été sauvée de justesse et cela ne peut être que l'œuvre de Dieu. Cela montre que Dieu est toujours présent dans nos vies et qu'il veille sur nous même dans les moments difficiles.

Il est important de noter que Dieu ne nous protège pas seulement des accidents physiques, mais aussi des accidents spirituels. Les tentations et les épreuves de la vie peuvent être considérées comme des accidents spirituels. Dans ces moments-là, Dieu est là pour nous guider et nous protéger des pièges du diable.

Il est important de comprendre que Dieu a un plan pour chacun de nous. Il nous a créés pour une raison précise et il veut que nous accomplissions cette mission. Cependant, cela ne signifie pas que nous n'aurons pas d'épreuves sur notre chemin. Mais nous pouvons être certains que Dieu sera là pour nous aider à les surmonter.

Les épreuves peuvent être considérées comme des opportunités pour nous de grandir et de renforcer notre foi. Les difficultés que nous rencontrons dans la vie peuvent nous aider à nous rapprocher de Dieu et à comprendre sa volonté pour notre vie.

Il est également important de noter que la protection divine ne signifie pas que nous ne serons jamais confrontés à des défis ou à des difficultés. Dieu peut nous protéger en nous donnant la force et la sagesse nécessaires pour surmonter ces défis.

Dans la Bible, nous voyons de nombreux exemples de personnes qui ont fait face à des épreuves et ont été protégées par Dieu. Moïse a été sauvé de l'infanticide par la protection divine. Daniel a été protégé des lions dans la fosse aux lions. David a vaincu Goliath grâce à la protection divine.

Tous ces exemples nous montrent que Dieu est toujours présent dans nos vies et qu'il est capable de nous protéger dans toutes les situations. Cela ne signifie pas que nous ne devons pas prendre de précautions ou prendre la vie à la légère. Nous devons toujours être prudents et agir avec sagesse.

En fin de compte, la protection divine est une preuve de l'amour de Dieu pour nous.

 # La protection divine est une marque de la fidélité de Dieu

La protection divine est une notion qui revêt une grande importance. Elle renvoie à la conviction que Dieu veille sur ses fidèles et les protège contre les dangers qui les guettent. La protection divine est une marque de la fidélité de Dieu envers ses créatures.

La protection divine dans les religions

Dans la religion chrétienne, la protection divine est un thème central. Les chrétiens croient que Dieu protège les fidèles qui se confient à lui et leur accorde sa grâce et sa miséricorde. Cette protection divine s'exprime notamment dans les psaumes, où les croyants demandent à Dieu de les protéger contre leurs ennemis et les dangers qui les menacent.

Dans la religion musulmane, la protection divine est également très importante. Les musulmans croient que Dieu est le protecteur de tous les croyants et qu'il les protège contre les forces du mal. Cette protection divine s'exprime notamment

dans la prière, où les croyants demandent à Dieu de les protéger contre les tentations de Satan et les épreuves de la vie.

Dans la religion juive, la protection divine est également un thème central. Les Juifs croient que Dieu protège son peuple élu et lui accorde sa bénédiction.

La protection divine et la fidélité de Dieu

Pour les croyants, la protection divine est une marque de la fidélité de Dieu envers ses créatures. En protégeant les fidèles contre les dangers qui les guettent, Dieu montre qu'il est fidèle à sa promesse de veiller sur ses créatures. Les croyants sont convaincus que Dieu ne les abandonnera jamais et qu'il les protégera toujours contre les forces du mal.

La protection divine est donc un signe de la fidélité de Dieu envers ses créatures. Elle renforce la confiance des croyants en Dieu et leur donne la force de surmonter les épreuves de la vie. Les croyants savent qu'ils peuvent compter sur la protection divine pour les aider à affronter les difficultés et les épreuves de la vie.

Conclusion

La protection divine est une notion importante pour les croyants de toutes les religions. Elle renvoie à la conviction que Dieu veille sur ses fidèles et les protège contre les dangers qui les guettent. Pour les croyants, la protection divine est une marque de la fidélité de Dieu envers ses créatures. En protégeant les fidèles contre les dangers qui les guettent, Dieu montre qu'il est fidèle à sa promesse de veiller sur ses créatures.

L'importance de l'ordre dans la foi chrétienne

Dans la foi chrétienne, l'ordre est un élément central qui guide la vie des croyants. Dieu, notre créateur, a établi un ordre divin dans le monde et dans la vie humaine. À travers l'histoire de la Bible, nous voyons comment Dieu a donné des instructions précises sur la manière dont il doit être adoré et servi. Tout cela montre l'importance de l'ordre dans la foi chrétienne.

Le livre de la Genèse nous raconte comment Dieu a créé le monde et tout ce qu'il contient. Tout a été créé avec un ordre spécifique, et chaque élément de la création à une place et une fonction particulière. Nous voyons également comment Dieu a établi un ordre dans la relation entre l'homme et la femme, dans la famille et dans la société. Tout cela montre que l'ordre est une partie intégrante de la création de Dieu.

Dans le Nouveau Testament, nous voyons comment Jésus a apporté un nouvel ordre à la vie des croyants. Il a enseigné aux gens comment vivre une vie basée sur l'amour, la compassion et la justice. Il a également établi un ordre dans l'Église, en désignant des apôtres et des disciples pour répandre sa parole dans le monde entier.

L'ordre dans la prière et le culte est également important dans la foi chrétienne. Dans le livre de l'Exode, Dieu a donné des instructions très précises sur la manière dont le temple devait être construit, comment les prêtres devaient s'habiller et comment les sacrifices devaient être offerts. Tout cela était important pour maintenir l'ordre dans le culte de Dieu.

De même, les croyants sont appelés à prier selon un ordre spécifique. Jésus nous a enseigné comment prier dans le "Notre Père", un modèle pour la prière que les chrétiens utilisent souvent dans leur vie de prière. La prière est un moment de communication intime avec Dieu, et l'ordre dans la prière aide à maintenir la concentration et la connexion avec Dieu.

En fin de compte, l'ordre est important dans la foi chrétienne car cela nous permet de mieux comprendre la volonté de Dieu et de vivre une vie qui lui plaît. Cela nous aide à rester sur la bonne voie et à éviter les distractions qui pourraient nous éloigner de Dieu.

Car nous n'avons pas à lutter contre la chair et le sang, mais contre les dominations, contre les autorités, contre les princes de ce monde de ténèbres, contre les esprits méchants dans les lieux célestes '' Éphésiens 6 :12 ''

En conclusion, l'ordre est un élément clé de la foi chrétienne. De la création du monde à la vie de Jésus

Le sujet de la présence des anges est un sujet fascinant et mystérieux qui a captivé l'attention des gens depuis des siècles. Les anges sont considérés comme des êtres célestes qui ont une grande puissance et une grande influence sur

notre vie quotidienne. Dans cet article, nous allons discuter des différents aspects de la présence des anges et de l'importance qu'elle peut avoir dans notre vie.

Tout d'abord, il est important de comprendre ce que sont les anges et comment ils sont perçus dans différentes cultures. Dans les religions abrahamiques, comme le christianisme, l'islam et le judaïsme, les anges sont considérés comme des messagers de Dieu qui ont été créés pour accomplir des tâches spécifiques. Ils sont souvent représentés comme des êtres célestes avec des ailes et une aura de lumière. Dans d'autres cultures, les anges sont perçus comme des esprits bienveillants qui protègent les gens et les guident sur leur chemin.

Daniel 10 : 11 , Il me dit: Daniel, ne crains rien; car dès le premier jour où tu as eu à coeur de comprendre, et de t'humilier devant ton Dieu, tes paroles ont été entendues, et c'est à cause de tes paroles que je viens. Le chef du royaume de Perse m'a résisté vingt et un jours; mais voici, Micaël, l'un des principaux chefs, est venu à mon secours, et je suis demeuré là auprès des rois de Perse. Je viens maintenant pour te faire connaître ce qui doit arriver à ton peuple dans la suite des temps; car la vision concerne encore ces temps-là....

L'ange micael est l'un des plus gentils des anges, je le connais personnellement car j'ai eu l'opportunité de le voir régulièrement.

Micael est un ange d'une grande douceur parmi les autres anges. J'ai eu la chance de le rencontrer à plusieurs reprises, ce qui me permet de témoigner de sa bienveillance.

Jude 1 : 9 '' Or, l'archange Michel, lorsqu'il contestait avec le diable et lui disputait le corps de Moïse, n'osa pas porter contre lui un jugement injurieux, mais il dit: Que le Seigneur te réprime! ''

Daniel 10 : 21 '' Mais je veux te faire connaître ce qui est écrit dans le livre de la vérité. Personne ne m'aide contre ceux-là, excepté Micaël, votre chef. ''

Daniel 12 : 1 '' En ce temps-là se lèvera Micaël, le grand chef, le défenseur des enfants de ton peuple; et ce sera une époque de détresse, telle qu'il n'y en a point eu de semblable depuis que les nations existent jusqu'à cette époque. En ce temps-là, ceux de ton peuple qui seront trouvés inscrits dans le livre seront sauvés. ''

La présence des anges peut être ressentie de différentes manières. Certains disent qu'ils ont une sensation de chaleur ou de picotement lorsqu'un ange est proche, tandis que d'autres ont des visions ou des rêves qui impliquent des anges. Il est également courant de ressentir une soudaine inspiration ou une intuition qui semble venir de nulle part et qui peut être attribuée à la présence des anges.

L'importance de la présence des anges dans notre vie est souvent liée à la notion de guidance spirituelle. Les anges sont considérés comme des guides qui peuvent nous aider à trouver notre chemin dans la vie et à prendre les bonnes décisions. Ils peuvent également nous aider à surmonter les épreuves et les difficultés que nous rencontrons tout au long de notre vie.

Vous avez tout pleinement en lui, qui est le chef de toute domination et de toute autorité.

'' 1 pierre 3 : 22 ''

Mais à tous ceux qui l'ont reçue, à ceux qui croient en son nom, elle a donné le pouvoir de devenir enfants de Dieu, lesquels sont nés, non du sang, ni de la volonté de la chair, ni de la volonté de l'homme, mais de Dieu. '' Jean 1 : 12 ''

Il est important de noter que la présence des anges ne doit pas être confondue avec la religion ou la spiritualité en général. Les anges peuvent être perçus comme des êtres spirituels qui transcendent les frontières religieuses et culturelles. De nombreuses personnes qui ne sont pas religieuses ou qui ne pratiquent pas de spiritualité ont également signalé des expériences liées à la présence des anges.

En fin de compte, la présence des anges peut être considérée comme un phénomène mystique qui transcende notre compréhension rationnelle du monde. Que vous soyez religieux ou non, il peut être bénéfique d'ouvrir votre esprit à la possibilité de la présence des anges et de chercher des signes de leur présence dans votre vie quotidienne. Qui sait, vous pourriez être surpris de ce que vous découvrirez.

La communion entre les fidèles. Mais lorsque les anges décident de vivre avec toi, cela devient plus personnel car il y'a un engagement spirituel plus prononcé.

Dans mon cas, les anges m'ont bloqué les bras pour m'empêcher de me lever pour dire au revoir a maman ce Jeudi matin, pendant qu'elle me disait au revoir avant de sortir travailler, les anges m'avaient bloqués les bras pour que je ne me lève pas.

J'étais comme paralysé, incapable de bouger. D'un souffle léger, j'ai crié depuis ma chambre pour lui répondre en disant : **"NAKUPENDA**", ce qui signifie "Je t'aime" en swahili.

Ces mots sont parmi les derniers que j'ai prononcés à ma mère. C'était un jeudi matin, seulement quelques heures avant sa mort, qui est survenue le lendemain à 13 heures.

Cela m'a beaucoup affecté car je ne pouvais pas exprimer mes sentiments, mes émotions et mes adieux convenablement. Cependant, avec le temps, j'ai compris que les anges m'avaient bloqué les bras pour une raison précise et qu'il fallait que j'apprenne à écouter leur message.

Je ne l'ai vu que les après-midi après son retour du travail ou elle était totalement transfigurée.

J'imagine qu'elle était déjà transfigurée le matin et les anges m'avaient empêché de la voir car étant très curieuse de nature j'allais comprendre.

Les anges sont des êtres spirituels qui veillent sur nous et nous guident sur notre chemin de vie. Ils nous aident à comprendre notre mission sur terre, nos dons et talents, et comment nous pouvons les utiliser pour aider les autres et faire une différence positive dans le monde. Les anges sont également là pour nous aider à surmonter les défis et les obstacles de la vie, pour nous protéger et pour nous consoler en période de douleur et de chagrin.

Il y'a plusieurs façons de communiquer avec les anges. Certains peuvent les percevoir à travers leur intuition ou leurs rêves, d'autres peuvent les ressentir à travers des sensations physiques ou émotionnelles.

Il est important de noter que chacun a sa propre expérience avec les anges et que cela peut être différent selon les personnes.

Il y'a également des signes que les anges peuvent nous envoyer pour nous communiquer leur présence et leur message. Il peut s'agir de signes physiques tels que des plumes, des pièces de monnaie, des papillons ou des arcs-en-ciel, ou de signes plus subtils tels que des synchronicités ou des coïncidences. Il est important de rester ouvert et réceptif à ces signes, car ils peuvent nous fournir des conseils et des réponses à nos questions.

Il est également important de savoir comment demander de l'aide aux anges. Il n'y a pas de bonne ou de mauvaise façon de le faire, mais il est important de le faire de manière claire et spécifique. Il est également important de demander de l'aide pour le plus grand bien de tous, et non seulement pour soi-même. Les anges sont là pour nous aider, mais ils respectent également notre libre arbitre et ne nous aideront pas si cela va à l'encontre de notre évolution spirituelle.

Enfin, il est important de reconnaître la présence des anges dans notre vie et de leur exprimer notre gratitude. Les anges travaillent dur pour nous aider et nous guider, et il est important de leur montrer notre appréciation et notre amour.

Nous pouvons le faire en leur parlant, en leur écrivant des lettres ou en leur offrant des offrandes symboliques.

En conclusion, les anges sont des êtres spirituels qui sont là pour nous guider,

Et lorsqu'ils décident de cohabiter avec vous, c'est assez similaire que lorsqu'une personne vous rend visites chez vous :

L'importance de créer une atmosphère accueillante pour les autres

Lorsque nous décidons d'ouvrir nos portes et de vivre avec d'autres personnes, nous devons nous rappeler que cela implique un changement dans notre vie quotidienne. Nous devons être prêts à accueillir ces personnes dans notre vie, à leur offrir un espace confortable et à créer une atmosphère chaleureuse pour eux.

Il important de se rappeler que lorsque nous accueillons des gens chez nous, cela ne doit pas être une attitude d'adoration, mais plutôt une attitude de bienvenue et de respect mutuel. Nous devons être prêts à partager notre espace avec eux et à

les accepter comme ils sont, sans essayer de les changer ou de les influencer.

Créer une atmosphère accueillante pour les autres peut être un défi, mais cela peut également être une expérience enrichissante. En offrant un espace confortable et en créant une ambiance chaleureuse, nous aidons les gens à se sentir chez eux et à se détendre. Cela peut être particulièrement important pour les personnes qui sont loin de chez elles ou qui traversent des moments difficiles.

Il est également important de rappeler que lorsque nous accueillons des gens chez nous, nous devons être prêts à leur offrir notre temps et notre attention. Nous devons être disposés à écouter leurs histoires, à partager nos expériences et à créer des liens avec eux. En faisant cela, nous créons une communauté forte et soutenante, qui peut être précieuse pour nous tous.

Il y a plusieurs façons de créer une atmosphère accueillante pour les autres. Voici quelques idées :

1. Créez un espace propre et bien rangé : Un espace propre et bien rangé est plus accueillant et confortable pour les gens. Prenez le temps de nettoyer votre maison et de ranger vos affaires avant l'arrivée de vos invités.

2. Offrez-leur un confortable lit pour dormir : Le sommeil est important pour la santé et le bien-être des gens. Offrez-leur un lit confortable et des draps propres pour leur permettre de passer une bonne nuit de sommeil.

3. Faites-leur découvrir votre ville : Si vos invités viennent de loin, offrez-leur une visite guidée de votre ville ou de votre quartier. Montrez-leur les endroits intéressants et les activités à faire.

4. Cuisinez-leur un repas : La nourriture est un moyen de rassembler les gens. Préparez-leur un repas ou organisez un

dîner avec vos amis pour leur permettre de rencontrer de nouvelles personnes.

5. Soyez à l'écoute : Il est important d'être à l'écoute de vos invités, de les soutenir et de les aider s'ils ont besoin de quoi que ce soit.

En conclusion, accueillir des gens chez soi peut être une expérience enrichissante, à condition que nous soyons prêts à créer une atmosphère accueillante pour eux. En offrant un espace confortable, en étant à l'écoute et en partageant notre temps et notre attention, nous créons une communauté forte et soutenante qui peut être bénéfique pour nous tous.

L'attitude à développer lorsque les anges sont présents est une attitude de dévotion, de sérénité et de confiance en présence des Saints Anges de Dieu.

Il faut faire de sa vie une prière permanente, de ses pensées un havre de tranquillité permanente, et de ses oreilles un lieu d'écoute attentive car la moindre désobéissance les amènera à vous frapper.

Les anges sont des êtres spirituels créés par Dieu pour Le servir, et ils louent et glorifient continuellement Dieu, généralement en Sa présence.

Nous avons tous un ange qui est toujours à nos côtés, qui ne nous abandonne jamais et nous aide à ne pas perdre notre chemin.

La fascination pour les anges dans la société moderne peut être due au désir humain pour le miraculeux ou le surnaturel, pour ce qui nous sort de la banalité et de la douleur de la vie.

Voici quelques façons de cultiver une vie de prière permanente :

- Apprenez à connaître Dieu
- Apprenez à prier
- Faites de la prière une habitude
- Écrivez vos prières
- Dites vos prières à haute voix (faites des déclarations)
- Tenez une liste ou un journal des demandes de prière
- Cherchez des moments propices à l'enseignement sur la prière (communier)
- Lisez la Bible régulièrement pour entendre Dieu et faire grandir votre foi (méditation)
- Priez chaque fois que vous y pensez, pas seulement à certains moments (insistez dans la prière)
- Priez sans cesse (constance)
- Priez pour les autres (Intercession)
- Remerciez Dieu pour ce qu'il vous a donné (Action des grâces)
- Laissez Dieu vous parler pendant la prière (Intimité avec le Seigneur)
- Soyez intentionnel au sujet de la prière
- Restez simple et réel

Voici quelques façons de surmonter les distractions pendant la prière :

Lorsque vous découvrez que vous êtes distrait, recentrez-vous simplement sur le Seigneur et revenez à la prière.

- Ne vous sentez pas coupable des distractions, car elles sont normales pour les créatures faibles comme nous
- Priez avec les Écritures
- Priez avec un stylo et écrivez vos prières
- Priez avec le jeûne
- Priez avec les gens
- Rappelez-vous à qui vous priez: Dieu votre Père
- Diagnostiquer pourquoi vous pourriez être distrait
- Optimiser la technologie pour la prière
- Trouvez une porte de sortie pour vos pensées
- Parlez avec un directeur spirituel ou un guide des distractions si elles persistent
- Ajustez votre posture ou votre heure de prière si vous avez tendance à vous endormir lorsque vous priez

Rappelez-vous que les distractions pendant la prière sont naturelles et peuvent même offrir une occasion de rencontrer gracieuse avec Dieu. Si vous pensez que Dieu essaie d'attirer votre attention à travers ce que vous pensiez initialement être une distraction, n'hésitez pas à prier pour cela.

S'habituer à leurs actions et à leur façon d'être. Cette accoutumance aux anges peut résulter de l'exposition à des enseignements religieux, à des systèmes de croyances ou à des expériences personnelles.

Pour quelqu'un qui a grandi avec la croyance aux anges divins, il peut arriver un moment où ils ont l'impression de pouvoir prédire comment les anges réagiront dans certaines situations. Cette prévisibilité peut conduire à un niveau de confort et de confiance dans leurs actions, cimentant davantage le processus d'accoutumance. Cela pourrait aussi se manifester par un sentiment de protection ou de conseil, car on en vient à compter sur la présence de ces êtres célestes et à s'y attendre dans sa vie.

La communication avec les anges est un sujet fascinant et mystique qui a captivé l'imagination de l'humanité depuis des milliers d'années. Bien que de nombreux sceptiques remettent en question l'existence même des anges, il est indéniable que pour de nombreuses personnes, les anges sont une source de guidance, de réconfort et de protection.

D'après la tradition chrétienne, les anges sont des êtres spirituels créés par Dieu pour être ses serviteurs et messagers. Ils sont souvent représentés comme des êtres angéliques avec des ailes, des halos et des robes blanches. Selon la Bible, les anges ont la capacité de communiquer avec les humains et de leur apporter des réponses à leurs prières.

Introduction à la religion :

Le sujet de la religion est un sujet qui attire l'attention de nombreuses personnes, car il est étroitement lié à la vie spirituelle et à la culture de chaque individu. La religion est une question personnelle, et chacun a sa propre façon de la pratiquer. Dans cet essai, je vais parler de ma mère, qui avait la capacité de reconnaître Dieu, de le craindre et de discerner sa présence dans sa vie.

Ma mère avait une relation particulière avec Dieu. Elle savait comment reconnaître sa présence dans sa vie et la craignait profondément. Cette relation était basée sur une foi profonde et une compréhension de la religion qui lui permettait de discerner la volonté de Dieu. Dans cet essai, je vais montrer comment la relation de ma mère avec Dieu était unique et comment cela a influencé sa vie.

La rela ion de ma mère avec Dieu :

Ma mère avait une relation profonde avec Dieu. Elle croyait que Dieu était présent dans sa vie et qu'il intervenait constamment dans les événements de son quotidien. Cette croyance lui donnait une paix intérieure qui la rendait plus forte face aux épreuves de la vie. Son amour pour Dieu était inconditionnel, et elle ne manquait jamais une occasion de le remercier pour tout ce qu'il avait fait pour elle.

Selon le livre de la Bible, Proverbes 3:6, "Reconnais-le dans toutes tes voies, et il aplanira tes sentiers". Ma mère avait cette sagesse, elle reconnaissait la présence de Dieu dans toutes les situations de sa vie, et cela lui donnait la force de surmonter les obstacles.

La crainte de Dieu de ma mère :

Ma mère craignait Dieu, et cette crainte était profondément ancrée en elle. Elle croyait que Dieu était un être sacré qui méritait un respect profond. Cette crainte lui donnait également un sens de responsabilité envers ses actes, car elle savait que tout ce qu'elle faisait était sous les yeux de Dieu.

Selon la Bible, dans Proverbes 9:10, "La crainte de l'Éternel est le commencement de la sagesse, et la connaissance du Saint est l'intelligence".

La crainte de Dieu de ma mère était une force qui la poussait à agir de manière juste et honnête, même dans les moments les plus difficiles de sa vie. Elle ne faisait jamais de compromis avec sa foi, même si cela signifiait aller à l'encontre de ce que les autres pensaient. Elle avait cette crainte de Dieu qui la guidait dans toutes ses actions.

La capacité de ma mère à discerner Dieu :

Ma mère avait la capacité de discerner la présence de Dieu dans sa vie. Elle pouvait voir les signes de Dieu dans les événements quotidiens. Elle avait une compréhension profonde de la religion qui lui permettait de discerner la volonté de Dieu. Selon la Bible, dans Jean 16:13, "Quand l'Esprit de vérité sera venu, il vous conduira dans toute la vérité".

Ma mère avait cette capacité de discernement qui lui permettait de comprendre les messages de Dieu. Elle lisait souvent la Bible et priait régulièrement, ce qui renforçait sa relation avec Dieu. Elle avait cette capacité de discerner la volonté de Dieu, ce qui lui permettait de prendre des décisions.

Elle m'a appris à prier depuis toute petite. Elle m'a guidé dans ma vie spirituelle et m'a montré comment je pouvais trouver la paix intérieure grâce à la prière et à la méditation.

La méditation est une pratique spirituelle qui permet de se connecter à soi-même et à quelque chose de plus grand que soi. Dans mon cas, c'est avec Dieu que je voulais me connecter.

En avril 2022, ma mère m'a offerte un voyage au Rwanda, et je suis également allé à Goma à la même occasion. Je suis reconnaissante d'avoir une mère qui sait comment faire plaisir à ses enfants, et je l'ai remerciée pour le voyage. Pendant mon séjour à Goma et en Gysenie, j'ai pu lire presque entièrement le Nouveau Testament, à l'exception des Romains et des Galates.

La méditation a été pratiquée depuis des milliers d'années dans différentes cultures et religions du monde entier. Elle peut aider à réduire le stress, l'anxiété et la dépression, et peut contribuer à une meilleure santé mentale et physique. La méditation peut être pratiquée de différentes manières, mais la méthode la plus courante pour nous les chrétiens consiste à lire la Bible. Cela peut aider à calmer l'esprit et à se concentrer sur la vie de Jésus-Christ.

Je me rappelle, parfois, j'allais très mal soit parce que j'avais eu un cauchemar la veille soit pour autres choses de similaire et ma mère me disait : prie.
La prière est une pratique religieuse répandue dans le monde entier. Elle peut être pratiquée individuellement ou en groupe et peut avoir de nombreuses formes différentes.
La prière chez nous consistait à regrouper toutes les formes des prières comme il est dit dans philippiens 4:6 '' Ne vous inquiétez de rien ; mais en toute chose faite connaître vos besoins à Dieu par des prières et des supplications, avec des actions de grâce ''
Nous faisions toutes sortes des prières et des supplications, et nous faisions parfois 2 à 3h de méditation c'est-à-dire lisant la Bible et les restes d'heures d'adoration, louange et cherissement.
Je me rappelle un jour ; je priais de 23 h à 5 h du matin et à 6h, 7h je suis allée au culte matinal.
Voilà à quoi ressemblé nos nuits, et pour ma mère, c'était ce rythme-là durant toute sa vie.

Le comble c'est qu'elle priait aussi la journée, elle créée le temps de prière pour Dieu.

Parfois Je pleurais a chaude larme et j'étais fatigué même de prier, et elle me répétait : prie.

La prière est un acte de communication avec une puissance supérieure, que ce soit Dieu, Allah, Bouddha ou toute autre force divine. Elle peut être pratiquée pour diverses raisons, comme demander de l'aide, exprimer de la gratitude, demander la guérison ou simplement pour se connecter avec une force supérieure.

De plus la prière peut aider à améliorer notre bien-être mental et émotionnel. En priant, nous sommes en mesure de nous concentrer sur les choses qui sont importantes pour nous et de mettre de côté les distractions du quotidien. Cela peut nous aider à trouver la paix intérieure car tout à coup après avoir prié j'allais bien. Je reprenais espoir, je me sentais consolé et apaisé.

Je comprenais que si je mettais des prières en lieu et place des larmes que je laissais coulé en quantité industrielle, j'allais inscrire des tonnes des prières devant la face de Dieu plutôt que des tonnes des larmes sans prières car les larmes sans prières ne valent pas vraiment quelque chose,

Anne n'a pas eu Samuel parce qu'elle pleurait seulement, elle a eu Samuel parce qu'elle a su accompagné ses larmes d'une prière. Rachel n'a pas eu Joseph parce qu'elle pleurait et disait a Dieu combien elle était calomnié, mais parce qu'elle priait et Jacob aussi, pour ce sujet. Pleurer c'est normal mais mettre la prière sur ses larmes, c'est être stratège. C'est du deux en un.

L'importance de la prière dans les moments difficiles :

La vie est faite de moments difficiles qui peuvent nous amener à pleurer et à nous sentir impuissants. Cependant, il est important de se rappeler que la prière peut nous aider à surmonter ces moments difficiles. Les exemples bibliques d'Anne, Rachel et Jacob nous montrent à quel point la prière est importante dans les moments de tristesse et de désespoir.

Tout d'abord, prenons l'exemple d'Anne. Elle pleurait amèrement car elle n'avait pas d'enfant. Cependant, elle a su accompagner ses larmes d'une prière sincère pour demander à Dieu de lui donner un enfant. Sa prière a été entendue et elle a finalement eu un fils, Samuel. Cela montre que la prière peut nous aider à obtenir ce que nous désirons, même dans les moments les plus difficiles.

De même, Rachel a connu des moments difficiles lorsqu'elle était calomniée. Elle aurait pu se contenter de pleurer et de se lamenter sur son sort, mais elle a choisi de prier pour que Dieu la protège et la défende. Sa prière a été entendue et elle a finalement eu un fils, Joseph. Cela montre que la prière peut nous aider à surmonter les obstacles et à obtenir justice.

Enfin, Jacob a également compris l'importance de la prière dans les moments difficiles. Il a prié pour que Dieu le protège

Lorsqu'il était en danger et pour qu'il lui accorde sa bénédiction. Sa prière a été entendue et il a finalement reçu la bénédiction de Dieu. Cela montre que la prière peut non seulement nous aider à surmonter les obstacles, mais aussi à recevoir des bénédictions.

La prière est un outil puissant pour surmonter les moments difficiles de la vie. Les exemples bibliques d'Anne, Rachel et Jacob nous montrent à quel point la prière est importante dans les moments de tristesse et de désespoir. En accompagnant nos larmes d'une prière sincère, nous pouvons obtenir ce que nous recherchons.

 # La Prières à la place des larmes :

Cette fois-ci, j'ai laissé couler des prières à la place des larmes. Il y en avait tellement que les dons spirituels se sont manifestés. Le Saint-Esprit est venu à mon aide et Dieu était présent. Le Kabod était là et a suivi les prières des jeûnes. J'ai été captivé par le goût de la prière et je ne savais plus comment m'en sortir. J'avais l'impression de vivre sur terre, mais avec le comportement des personnes vivant au ciel.

Un jour maman m'a dit : '' **oza esprit te, lia biloko** '' qui signifie littéralement "**tu n'es pas un esprit, mange**. Je sortais d'un jeune de 40 jours et s'apprêtais à en faire un deuxième. Il y a un degré de surnaturel en nous que le monde n'avait pas connu. On ne jeunait pas parce qu'on cherchait quelque chose, ou demandait quelque chose, on ne priait pas parce qu'on voulait quelque chose de Dieu comme nous constatons aujourd'hui, le gens va en jeune pour multiplier l'onction, demander la puissance ou l'argent.

Pour nous c'était notre passe-temps favoris, la Prière. Nous le faisions parce que c'était incorporé en nous. C'était un mode de vie. Nous priâmes sans cesse. Comme il est écrit dans 1 Thessaloniciens 5 : 17 **Priez sans cesse**

Je parle de nous car moi je tiens ce rythme de la prière de ma mère, et quand elle priait et que 'elle se reposé pour 1h ou 2h, je venais près d'elle, je prenais sa bible et je médité avec, par la suite je priais si fort, qu'elle se réveillé, se remettait à prier, et moi je me reposé un peu, le temps qu'elle prie.

Nous avions l'habitude de nous relayer pour prier. Pendant que l'un priait, l'autre se reposait et vice versa. Cependant, ces deux dernières années, nous avons vécu avec Dieu et prié ensemble. Les anges étaient présents et la gloire de Dieu était omniprésente. Nous avons donc prié chacun dans notre propre chambre. Parfois, elle priait dans sa chambre et moi dans la mienne.

Même la nuit, lorsque je me rendais à la toilette, qui était près de sa chambre, je l'entendais adorer Dieu. Elle ne se reposait presque jamais. Pour elle, la prière était devenue un moment de repos. Dire "Je t'aime, Jésus-Christ" était sa façon de se reposer et elle pouvait le faire toute la nuit. Son cœur bouillonnait de paroles charmantes. Son œuvre était pour le Roi.

Ce verset, c'est ma mère qui me l'a enseigné et me l'a faite mémoriser : Des paroles pleines de charme bouillonnent dans mon cœur. Je dis: **Mon oeuvre est pour le roi!** Que ma langue soit comme la plume d'un habile écrivain! Tu es le plus beau des fils de l'homme, La grâce est répandue sur tes lèvres: C'est pourquoi Dieu t'a béni pour toujours

#Notre mode de vie :

On avait prié, pratiqué la sainteté, maintenu la pureté, rendu la louange, adoré Dieu, honoré Dieu et fait tout ce que Dieu aime. Pour ma part, je faisais des dons à l'orphelinat chaque début de mois. Ma mère était une femme qui aidait beaucoup les gens et elle nous avait appris à aimer et aider nos prochains, conformément à l'enseignement "tu aimeras ton prochain comme toi-même". Elle était une gardienne attentive et nous a transmis les valeurs de Dieu.

En effet, dans la plupart des cultures africaines, les mères jouent un rôle central dans la transmission des croyances et pratiques traditionnelles. Elles sont souvent considérées comme les gardiennes de la tradition et sont chargées d'enseigner à leurs enfants les valeurs, les croyances et les pratiques qui ont été transmises de génération en génération.

Vivre avec ma mère ces deux dernières années a permis qu'elle me transmette au maximum les capacités spirituelles, les leçons de Dieu notamment comment aborder Dieu, comment prier comment demeurer dans la foi, comment ne plus avoir peur

Vivre avec ma mère et les leçons de spiritualité :

Au cours des deux dernières années, j'ai eu la chance de vivre avec ma mère et de recevoir de sa part des enseignements spirituels très précieux. Ma mère était une véritable figure de proue spirituelle pour moi, et nous ces enfants, nous l'a surnommions "mon général". Elle était à la fois une mère aimante et un chef d'armée céleste. Nous avons grandi en priant comme à l'armée, avec une discipline et une ferveur qui nous ont permis de renforcer notre foi.

Nous ne prions pas comme tout le monde, en multipliant tout simplement des paroles, mais nous prions avec la Parole de Dieu.

Ma mère était une personne rarement plaintive, elle assumait ce que le monde mettait devant elle et croyait encore plus intensément en Dieu. Elle nous a appris comment aborder Dieu, comment prier et comment demeurer dans la foi. Grâce à elle, nous avons pu voir la manifestation de la main de Dieu comme jamais auparavant.

Ma mère était un exemple vivant de foi et de courage. Elle avait une foi inébranlable en Dieu, même dans les moments les plus difficiles. Par son exemple, elle m'a montré comment faire face à la vie avec courage et détermination, en sachant que Dieu est toujours là pour nous.

C'était ma mère, c'était mon père.

Ma mère m'a également appris à ne plus avoir peur. Elle m'a montré comment vaincre la peur en me rappelant que Dieu est plus grand que tout ce qui peut nous effrayer dans la vie. Elle m'a appris que la peur est un état d'esprit, et que nous pouvons choisir de ne pas être dominés par elle. Grâce à ses enseignements, j'ai appris à faire face à la vie avec confiance et sans crainte.

Je me rappelle comment elle me faisait retenir ce passage biblique qui dit :

Tu seras affermie par la justice; Bannis l'inquiétude, car tu n'as rien à craindre, Et la frayeur, car elle n'approchera pas de toi. Si l'on forme des complots, cela ne viendra pas de moi; Quiconque se liguera contre toi tombera sous ton pouvoir. Voici, j'ai créé l'ouvrier qui souffle le charbon au feu, Et qui fabrique une arme par son travail;

Mais j'ai créé aussi le destructeur pour la briser. Toute arme forgée contre toi sera sans effet; Et toute langue qui s'élèvera en justice contre toi, Tu la condamneras. Tel est l'héritage des serviteurs de l'Eternel, Tel est le salut qui leur viendra de moi, Dit l'Eternel. Esaïe 54 : 14 à 17

D'où généralement quand je me sens peu confiante, j'ai automatiquement le réflexe de répéter cette prière qu'elle m'avait enseigné.

Elle m'avait aussi fait retenir un autre passage biblique :

Si nous marchons dans la chair, nous ne combattons pas selon la chair. Car les armes avec lesquelles nous combattons ne sont pas charnelles; mais elles sont puissantes, par la vertu de Dieu, pour renverser des forteresses. Nous renversons les raisonnements et toute hauteur qui s'élève contre la connaissance de Dieu, et nous amenons toute pensée captive à l'obéissance de Christ.

2 corinthiens 10 : 3 à 5

Ainsi, lorsque je suis face à un combat de pensée, je répète cette prière instinctivement.

Nous étions si proches que lorsque nous montions les escaliers nous répétions une prière pour ne pas sentir la longueur des escaliers, elle disait la première phrase, j'en disais la deuxième et elle disait la troisième phrase et j'en disais la quatrième et ainsi de suite.

Dieu était au centre de notre relation, de notre vie, il n'avait pas maman et Gloria sans Dieu

Dans son téléphone elle avait enregistré mon numéro en écrivant Jésus-Christ

Elle croyait en moi. Je croyais en elle, et toutes les deux, nous croyons en Dieu. C'était mon maitre, c'était ma maman. Mon Elie, j'étais son Elisée.

La prière que nous répétions quand nous montâmes les escaliers étaient : Nous rendons Grace au père qui a rendus capable d'avoir part à l'héritage des Saints dans la lumière...

Et dans nos habitudes, nous chantâmes ensemble cette chanson et tant d'autres aussi :

Particulièrement cette chansons ci car c'est Dieu qui me l'avait inspirée : Tout les anges louent sa sainteté, l'univers crie sa majesté, chantons Gloire et puissance, force et louange, a l'agneau a l'agneau immolée ...

En chantant, nous exprimons notre reconnaissance pour tout ce qu'Il a fait pour nous. Nous reconnaissons sa bonté, sa grâce et sa miséricorde envers nous. Le psalmiste David disait dans le Psaume 100 : "**Entrez dans ses portes avec des louanges, dans ses parvis avec des cantiques ! Célébrez-le, bénissez son nom ! Car l'Éternel est bon ; sa bonté dure à toujours, et sa fidélité de génération en génération**".

Ensuite, le chant de louange peut être un moyen de se connecter à Dieu. En chantant, nous nous concentrons sur Sa présence et nous nous ouvrons à Son Esprit. La musique peut avoir un effet apaisant sur notre esprit et nous aider à entrer dans un état de prière profonde. Le prophète Élie a expérimenté cette connexion avec Dieu lorsqu'il a chanté dans le désert après avoir fui la reine Jézabel. Dans 1 Rois 19:11-13, il est écrit : "Et voici, l'Éternel passa. Et devant lui, il y eut un grand et violent vent, qui déchirait les montagnes et brisait les rochers ; mais l'Éternel n'était pas dans le vent. Et après le vent, il y eut un tremblement de terre ; mais l'Éternel n'était pas dans le tremblement de terre. Et après le tremblement de terre, un feu ; mais l'Éternel n'était pas dans le feu. Et après le feu, le murmure d'une voix douce et légère. Dès qu'Élie l'entendit, il se couvrit le visage de son manteau, il sortit et se tint à l'entrée de la caverne. Et voici, une voix lui fit entendre

Il était très rare de nous entendre converser sur un sujet qui nous divise, généralement j'abordé cela avec piété. Dieu m'avait enseigné par ma mère la piété, c'est - à - dire l'amour et le respect

En résumé, vivre avec ma mère ces deux dernières années a été une expérience très enrichissante.

Si le corps avait besoin de la nourriture pour tenir, on savait que nous avions besoin de la prière autant que le corps a besoin de la nourriture.

Aujourd’hui je me dis, c’est le côté mère qui parlait en elle en ce moment la

J'avais perdu près de 30 kilos et je me promenais en babouche, tenant une bible dans le bras. Je passais mes journées à méditer, prier, veiller et jeûner, en sentant le ciel au-dessus de ma tête et en vivant avec les anges. Rien sur terre ne m'intéressait plus, j'étais capable de passer des heures à parler avec les prophètes de la Bible que je voyais régulièrement.

En effet, j'étais transfiguré et j'avais enfin trouvé le remède contre ma douleur : la Bible et Dieu.

Au point où j'ai développé des dons spirituels, car aux yeux de Dieu, toutes nos prières comptent, même celles que nous faisons dans les pires moments ou lorsque nous sommes abattus.

La prière peut être une source de réconfort et de soutien en période de crise. Lorsque nous sommes confrontés à des défis émotionnels ou physiques, la prière peut nous aider à nous sentir moins seuls et à trouver du réconfort dans la foi que quelque chose de plus grand que nous est présent. De nombreuses personnes ont trouvé que la prière les aide à faire face à des maladies graves ou à des problèmes financiers, en leur donnant la force et la persévérance nécessaires pour surmonter ces épreuves.

 # La force de la prière maternelle :

J'ai développé mon art de la prière grâce aux conseils de ma mère, qui a été mon maître en la matière. Tout au long de ma vie, j'ai été témoin de sa détermination à prier chaque nuit. Ma mère était une véritable guerrière de la prière, une femme de foi, forte et craignant Dieu, qui aimait profondément le Seigneur.

C'est grâce à elle que j'ai appris à maîtriser cet art de la prière. Elle m'a transmis son savoir-faire, sa force intérieure et sa détermination. Elle m'a appris à placer ma confiance en Dieu et à chérir sa présence dans ma vie.

Aujourd'hui, je suis fier de dire que je suis devenu un expert en matière de prière, grâce aux enseignements de ma mère. Elle m'a montré que la prière est un moyen puissant de se connecter avec Dieu et de recevoir sa grâce et sa bénédiction. Je suis reconnaissant de tout ce qu'elle m'a appris et je suis fier de poursuivre son héritage en tant que guerrier de la prière.

La force de la prière maternelle est inestimable. Elle peut non seulement nous aider à renforcer notre foi en Dieu, mais aussi nous donner la force intérieure nécessaire pour surmonter tous les obstacles de la vie. Je suis reconnaissant pour l'enseignement de ma mère et je suis déterminé à continuer à développer mon art de la prière tout au long de ma vie. La prière est une pratique qui est présente dans de nombreuses religions et traditions spirituelles. Elle peut prendre de nombreuses formes, telles que la méditation, le chant ou la récitation de prières.

La prière est souvent utilisée pour demander de l'aide, de la guérison ou de la protection, mais elle peut également être utilisée pour exprimer de la gratitude ou pour se connecter à une force supérieure.

Ma mère était une fervente pratiquante de la prière, et elle m'a appris l'importance de la prière dans ma vie. Elle m'a montré comment prier même dans les moments les plus difficiles, et comment cela peut nous aider à trouver la paix et la sérénité. Elle a également développé ses dons spirituels grâce à la prière, ce qui montre que la prière peut avoir un impact réel sur nos vies. Ma mère était une personne très religieuse qui priait régulièrement. Elle m'a appris l'importance de la prière dès mon plus jeune âge. Elle m'a montré comment prier et m'a expliqué les différentes façons de le faire. Elle m'a également appris à être patient et à avoir confiance en Dieu. Elle m'a dit que la prière était un moyen de communiquer avec Dieu et qu'il était important de prendre le temps de le faire tous les jours.

Ma mère était une guerrière de la prière. Elle priait tous les soirs avant de se coucher, et sa prière était toujours très émouvante. Je me souviens parfois lorsqu’elle priait, je restais calme pour écouter et ensuite, copier cela en prenant ses sens des phrases pour prier. Elle avait une manière de prier qui poussait à prier de la même manière. Et elle avait presque tous les versets biblique en tête, il n’y a pas un verset biblique que tu pourrais lui demander sans qu’elle te donne à la fois la phrase et la référence biblique. C'était une surdouée. Elle m'impressionnait et me poussé à aimer Dieu d'avantage.

Elle avait un poste au niveau national, elle était Présidente du conseil d'administration de la Sodimico et pourtant elle était très humble, s'agenouillant chaque nuit pour rendre gloire à Dieu. Elle a été députée nationale à l'âge de 29 ans, c'est la première femme députée nationale du Maniema

Quelques mois plus tôt, avant son élection, elle dormait dans une église, ou elle avait vu la gloire de Dieu, cette nuit-là.

Ma mère est un exemple de réussite dans le Seigneur Jésus-Christ, car elle a été créée à l'image de Dieu et formée par lui.

Ma mère est une personne qui a connu des moments difficiles dans sa vie, mais elle a toujours su garder la foi en Dieu. Avant son élection, elle a même dormi dans une église où elle a vu la gloire de Dieu. Cette nuit-là, elle a vu Jésus-Christ passer, et la traine de sa robe était escortée par une foule de personnes agenouillées. Elle a également vu la main de Dieu l'apprenant à lire et écrire. Cette expérience spirituelle a été déterminante pour elle, car elle a appris à lire et écrire ce jour-là.

Ma mère est le fruit de l'amour de Dieu et a été créée à son image. Elle a été formée et enseignée par Dieu, ce qui en fait un exemple de réussite dans le Seigneur Jésus-Christ. Elle a suivi les enseignements de la Bible et a appliqué les principes de la foi dans sa vie quotidienne. Elle a également été une source d'inspiration pour les autres et a aidé de nombreuses personnes à trouver leur chemin dans la vie.

La foi en Dieu a été un élément essentiel dans la vie de ma mère. Elle a toujours cru que Dieu avait un plan pour elle, et elle a travaillé dur pour atteindre ses objectifs. Elle a également prié pour les autres et a été un soutien pour ceux qui en avaient besoin. Sa foi a été mise à l'épreuve à plusieurs reprises, mais elle a toujours su garder la tête haute et continuer à avancer.

Ma mère est un exemple de réussite dans le Seigneur Jésus-Christ. Elle a été créée à l'image de Dieu et formée par lui. Ma mère c'est le fruit de l'amour de Dieu. Formé et enseigné par Dieu, un exemple de réussite dans le seigneur Jésus-Christ. Par elle, nous comprenons qu'il est possible de réussir en ayant Jésus-Christ. Elle priait pour notre famille, pour nos amis, pour les personnes dans le besoin et pour le monde entier. Elle avait une foi inébranlable en Dieu et croyait que toutes les prières étaient entendues.

Je suis très reconnaissant envers ma mère de m'avoir appris l'importance de la prière. Grâce à elle, j'ai appris à être plus patient, plus confiant et plus reconnaissant. J'ai également appris que la prière peut être un moyen de trouver la paix intérieure et de se connecter à une force supérieure.

La prière est une pratique spirituelle importante qui peut aider les individus à trouver la paix intérieure et à se connecter à Dieu. La prière peut nous aider à nous connecter avec Dieu. Pour beaucoup de gens, la prière est un moyen de communiquer avec Dieu ou d'autres divinités.

Cela peut leur donner un sentiment de paix et de réconfort lorsqu'ils font face à des défis ou à des difficultés dans leur vie. La prière peut également aider les gens à se sentir plus en paix avec eux-mêmes et avec le monde qui les entoure.

De plus, la prière peut aider à renforcer les relations entre les membres d'une communauté religieuse. Lorsque les gens prient ensemble, ils peuvent partager leur foi et leur soutien mutuel. Cela peut aider à créer un sentiment de camaraderie et de solidarité entre les membres d'une communauté religieuse.

Cependant, il est important de noter que la prière ne doit pas être utilisée comme un substitut à l'action ou à la prise de décision. Parfois, les gens peuvent se sentir impuissants face à une situation difficile et peuvent avoir l'impression qu'ils ne peuvent rien faire pour la changer. Dans ces situations, la prière peut être un moyen de trouver la force et le courage nécessaires pour agir et faire face à la situation

La prière est une pratique personnelle et spirituelle qui peut avoir un impact positif sur notre vie quotidienne. Que ce soit pour se connecter avec une force supérieure, renforcer les relations communautaires ou trouver la force nécessaire pour agir, la prière peut être un outil utile pour aider à faire face aux défis et difficultés de la vie.

La prière peut être une pratique spirituelle importante dans la vie quotidienne de nombreuses personnes. Elle peut apporter un sentiment de paix et de réconfort, renforcer les relations communautaires et aider à trouver la force nécessaire pour faire face aux défis de la vie.

 # L'importance de la prière et de l'amour dans la vie d'un enfant de Dieu :

En tant qu'enfant de Dieu, la prière est l'un des piliers fondamentaux de notre vie spirituelle. Elle nous permet de communiquer avec notre créateur et de renforcer notre foi. Cependant, la prière ne doit pas être considérée comme une pratique isolée, mais plutôt comme une partie intégrante de notre vie quotidienne. Dans ce contexte, il est important de comprendre l'importance de la prière et de l'amour dans notre vie en tant qu'enfant de Dieu.

Tout d'abord, la prière nous permet de nous rapprocher de Dieu et de renforcer notre foi. Elle nous permet de nous connecter à notre créateur et de lui exprimer nos pensées, nos craintes et nos espoirs. Elle nous permet également de recevoir des réponses à nos prières et de ressentir la présence de Dieu dans notre vie.

Dans la Bible, il est écrit : **"Ne vous inquiétez de rien, mais en toute chose, par la prière et la supplication, avec des actions de grâces, faites connaître vos demandes à Dieu"** (Philippiens 4:6).

Ensuite, la prière nous permet de pratiquer l'amour envers Dieu et envers les autres. En effet, la prière est un acte d'amour envers Dieu, car elle montre notre dépendance envers lui et notre gratitude pour tout ce qu'il nous donne. Elle nous permet également de prier pour les autres et de leur témoigner notre amour en leur demandant de l'aide, de la guérison ou de la protection. Dans la Bible, il est écrit : **"Aimez-vous les uns les autres d'un amour fraternel ; préférez-vous les uns les autres par honneur"** (Romains 12:10).

Enfin, la prière doit être accompagnée d'actions concrètes d'amour envers les autres. Nous devons pratiquer l'amour envers notre prochain en aidant les nécessiteux, en partageant notre temps et nos ressources, en pardonnant les offenses et en étant des exemples vivants de l'amour de Dieu comme ma mère l'était.

La vie exemplaire de ma mère, une servante de Dieu avec une vie de satisfaction :

Le jour de la levée du corps de ma mère, une armée d'anges était présente. Un nuage blanc est descendu et Jésus-Christ était là, prenant maman dans ses bras, la consolant. Maman n'était pas seule, elle était avec son roi comme elle aimait l'appelé Roi des rois Seigneurs des seigneurs

A vrai dire c'est la première fois que je voyais ma mère consolée, elle avait eu une vie qui demandait qu'elle soit l'épaule pour nous ses enfants pour nous fortifiés, et elle était dans les fronts de batailles.

C'était la première fois depuis que je suis née de voir un telle geste d'amour et le plus beau à mes yeux

Ma mère est aimée par Dieu. Ma mère est une sainte, ma mère est une ange, ma mère est au ciel

Cela témoigne de la vie exemplaire qu'elle a menée en tant que servante de Dieu. Dans cet article, je vais vous parler de sa vie et de l'impact qu'elle a eu sur ceux qui l'ont connue.

Ma mère était une femme de foi qui a consacré sa vie à servir Dieu. Elle était une personne aimante, humble et généreuse qui a toujours cherché à aider les autres. Elle était connue dans sa communauté pour son dévouement envers les plus démunis et sa capacité à réconforter ceux qui étaient dans le besoin. Ma mère aimait la Bible et la lisait quotidiennement. Elle croyait fermement que Dieu était avec elle à chaque étape de sa vie et qu'il la guidait dans toutes ses décisions. Cette foi inébranlable lui a permis de surmonter de nombreux défis et de rester forte même dans les moments difficiles.

Ma mère a également été une femme aimante et une mère dévouée. Elle a toujours été présente pour sa famille et a tout fait pour leur bien-être. Elle nous a enseigné des valeurs telles que l'amour, le respect et la compassion, et nous a encouragés à suivre nos rêves.

Ma mère était également active dans sa communauté. Elle s'est impliquée dans plusieurs œuvres de bienfaisance et a été un pilier pour de nombreuses personnes. Elle a aidé à construire des écoles, d'ailleurs une des écoles porte son nom, elle a réaménagé certaines écoles, plaider en faveur des sans voix, elle est allée au parlement comme députée nationale élue, et elle est partie au ciel en présidant un conseil d'administration où elle occupé le poste de Présidente du Conseil d'Administration de la SODIMICO : Société de développement Industriel et minier du Congo.

Elle a également apporté son aide dans les hôpitaux et a initié la création de l'hôpital Maman OPANGO à Kindu, sur la route menant à Kibombo, qui forme des infirmières.

 # La Foi de Ma Mère :

Ma mère était assidue dans les églises. Elle payait sa dime, donnait des offrandes et soutenait les serviteurs de Dieu. Elle fréquentait des lieux où les gens ne pouvaient même pas imaginer que cette femme avait un si grand background. Elle s'agenouillait, priait, communiait et veillait. Elle était humble malgré ses exploits professionnels, et était toujours présente pour les autres et au service de Dieu. Elle n'avait pas négligée un aspect pour l'autre, car elle était à la fois une bonne mère, une femme qui excellé dans sa carrière professionnelle et à la tête d'une entreprise de l'Etat, une servante de Dieu dévouée et humble qui savait offrir à Dieu, j'ai vu ma mère donner des offrandes à Dieu, elle croyait et avait confiance en Dieu, elle était plein d'amour, c'était notre modèle à tous

Au fil des ans, ma mère a touché la vie de nombreuses personnes. Elle a été une source d'inspiration pour ceux qui l'ont connue et a laissé un impact positif sur le monde qui l'entoure. Sa foi, son amour et sa compassion ont touché le cœur de nombreux gens et ont laissé un héritage durable.

En conclusion, la vie de ma mère a été une vie exemplaire en tant que servante de Dieu. Elle a consacré sa vie à aider les autres et à répandre l'amour et la compassion. Elle a touché la vie de nombreuses personnes et a laissé un héritage durable. Elle restera toujours dans nos cœurs et continuera d'inspirer ceux qui ont eu la chance de la connaître.

Si on peut prier le Dieu d'Elie, je vous exhorte à prier le Dieu de Victorine Opango onya sombo.

 # La puissance de l'amour maternel :

L'amour maternel est souvent considéré comme l'une des forces les plus puissantes de l'univers. C'est un amour inconditionnel qui transcende le temps et l'espace, et qui peut guérir même les blessures les plus profondes de l'âme.

Tout d'abord, il est important de comprendre que l'amour maternel ne se limite pas à la relation entre une mère et son enfant biologique. Il peut être trouvé dans toutes sortes de relations, y compris entre une mère adoptive et son enfant, entre une grand-mère et son petit-enfant, ou même entre une enseignante et ses élèves. L'amour maternel est un sentiment qui transcende les liens du sang et qui peut être ressenti par tous ceux qui ont le cœur ouvert.

L'amour maternel est également une force de guérison incroyable. Il peut aider à guérir les blessures émotionnelles et psychologiques, ainsi qu'à renforcer le sentiment de sécurité et de confiance en soi. Les enfants qui ont connu l'amour maternel ont tendance à être plus heureux et plus équilibrés émotionnellement que ceux qui en ont été privés.

Cependant, l'amour maternel est souvent mal compris ou sous-estimé. Les mères sont souvent considérées comme des figures stéréotypées, qui ne font que préparer les repas, laver les vêtements et nettoyer la maison. Mais en réalité, l'amour maternel est bien plus que cela. C'est un amour qui se donne sans compter, qui encourage la croissance et le développement, qui soutient et qui encourage. Les mères sont souvent les premières à reconnaître le potentiel de leurs enfants et à les encourager à poursuivre leurs rêves.

On ne peut pas séparer une mère d'avec ses enfants

Enfin, l'amour maternel est une force qui peut changer le monde. Les mères sont souvent les premières à enseigner leurs enfants.

Pour finir ce livre, je dirai ceci :

Nous t'aimons maman, merci d'avoir était tout ça pour nous. Une mère, une protectrice, une femme sage une femme douce et tendre un rayon de soleil, une amie une confidente celle avec qui on pouvait rire celle qui nous défendait,

Notre maman était aussi notre Papa
Elle a tout donné pour nous.

Pardon maman, car être des enfants parfaits, on ne l'a pas été, mais toi, tu étais une maman parfaite
Merci de nous avoir supportés et de nous avoir chéris jusqu'à la fin

Nous t'aimons maman.
À jamais dans nos cœurs maman
Maman merci

Quant à vous, qui lisez, souvenez-vous de ceci :

Jésus-Christ est le même hier aujourd'hui et éternellement.

Gloire à Dieu

Quelques commentaires ci joints :

Nicole Okitakula
Paix éternelle à son âme une femme forte

1 h J'aime Répondre Message

Joli Mbenga
Félicitations à t'a maman

23 h J'aime Répondre Message

Dorcas Manzengele
Un exemple à suivre. Paix à ton âme grand mère 😭😭

16 h J'aime Répondre Message

PUIS JE VIS LE CIEL OUVERT, ET VOICI, PARUT UN CHEVAL BLANC. CELUI QUI LE MONTAIT S'APPELLE FIDÈLE ET VÉRITABLE, ET IL JUGE ET COMBAT AVEC JUSTICE. SES YEUX ÉTAIENT COMME UNE FLAMME DE FEU; SUR SA TÊTE ÉTAIENT PLUSIEURS DIADÈMES; IL AVAIT UN NOM ÉCRIT, QUE PERSONNE NE CONNAÎT, SI CE N'EST LUI-MÊME; ET IL ÉTAIT REVÊTU D'UN VÊTEMENT TEINT DE SANG. SON NOM EST LA PAROLE DE DIEU.... LES ARMÉES QUI SONT DANS LE CIEL LE SUIVAIENT SUR DES CHEVAUX BLANCS, REVÊTUES D'UN FIN LIN, BLANC, PUR. DE SA BOUCHE SORTAIT UNE ÉPÉE AIGUË, POUR FRAPPER LES NATIONS; IL LES PAÎTRA AVEC UNE VERGE DE FER; ET IL FOULERA LA CUVE DU VIN DE L'ARDENTE COLÈRE DU DIEU TOUT-PUISSANT....
IL AVAIT SUR SON VÊTEMENT ET SUR SA CUISSE UN NOM ÉCRIT: ROI DES ROIS ET SEIGNEUR DES SEIGNEURS.

Apocalypse 19; 11 à 16

Printed by Books on Demand GmbH, Norderstedt / Germany